전각, 이동체로 읽는
반 야 심 경

초판발행 2008년 10월30일
지 은 이 무산 허회태 ⓒHwe - Tae. Huh

펴 낸 이 유원식
펴 낸 곳 아름나무 출판사
등   록 2006년 12월 11일
등록번호 313 - 06 - 262호
주   소 서울시 영등포구 문래동3가 54-66 에이스하이테크시티 2동 1508호
전   화 02 - 707 - 2910
팩   스 02 - 701 - 2910
홈페이지 www.arumtree.com
I S B N 978 - 89 - 93532 - 00 - 5 ⓒarumtree 2008

인   쇄 (주) 현문
종   이 화인페이퍼

전과, 예술로 읽는

반 야 심 경

아름나무

책을 펴내며

《반야심경》은 가장 많이 독송되는 경전이면서 또 나의 삶, 예술 속에서 반복적으로 등장합니다. 서예로, 회화적 이미지로, 도서圖書의 세계로, 또 이 책의 주된 이미지인 전각예술로⋯⋯나에게 있어서 《반야심경》은 내 삶의 일부이자 예술의 일부인 셈입니다.

빠르게 변화해 가는 현대 생활에서 한 가지를 고집하기란 쉬운 일이 아니며, 그 고집스러움 속에서 새로움을 계속 추구하기란 더 더욱 어려운 것이 현실입니다. 이러한 현실 속에서 《반야심경》은 삶을 어떻게 살아나가야 하는지에 대한 진지한 해답을 제공하고 있습니다. 이 세상의 모든 존재는 실체가 없어서 텅 빈 공空한 것입니다. 실체를 넘어선 진정한 깨달음의 세계를 향해 마음 자세를 가다듬는 것이야말로 현실의 삶을 긍정적으로 바라보고 스스로를 존중할 수 있다고 믿습니다.

《반야심경》의 이러한 가르침 260자를 돌에 한글자한글자 새기면서 마음 속 한 켠에 쌓인 욕심들을 털어내 봅니다. 말씀 하나하나가 모두 의미있고 깊은 사색을 끌어내는 글자들입니다. 한글자 한글자가 모두 이 세상의 번뇌를 털고 가볍게 출발하라 가르칩니다.

부처님의 이 깊은 말씀을 실천하는 일도, 단순히 이 경전을 이해하는 일도 쉽지 않습니다. 더구나 가장 많이 독송하는 경전이면서도 그 음과 뜻을 정확히 알고 독송하는 것 조차도 간단한 일이 아닙니다. 이에 글자 하나하나의 이미지를 살펴보듯 부처님 말씀을 새기면서 경전을 감상하는 졸저 《전각예술로 읽는 반야심경》을 펴내게 되었습니다. 부처님의 말씀은 심오하고 난해해도 예술은 즐거움을 줄 수 있다는 조그마한 바램이 간절할 뿐입니다.

부디 정성스럽게 새겨진 전각 글자 하나하나에 새겨진 부처님의 말씀이 이 세상의 고된 삶을 함께 살아가는 사람들에게 작은 즐거움으로 새겨지기를 기원하면서 ……

공부가 부족한 필자입니다. 혹 내용에 오류가 있을 수 있습니다. 독자 여러분의 질정을 겸허하게 받아들이겠습니다. 이 부족한 글을 최고의 열매로 맺게 해준 도서출판 아름나무 관계자와 시종 한결같이 필자를 도와준 김여진 제자에게 심심한 감사를 표하며, 또 모든 이모그래피 회원들에게도 고마움을 전합니다.

2008년 10월
무산茂山 허회태

형산荊山의 옥玉을 다듬어 무산巫山의 반야각도般若刻刀로 새긴
《반야심경般若心經》은 천하의 명품

《반야심경》의 사경寫經공덕

우리나라에서 가장 널리 독송되는 《반야심경》은 팔만대장경 가운데서 260자로 된 가장 짧은 경이다.

부처님께서 45년 동안 중생을 위해서 설법했는데 《반야경》을 무려 21년이나 설했다. 600부 《반야경》은 대장경 가운데 최고로 많은 양을 차지하는데, 대승불교의 핵심사상이고 밑바탕이 된다.

이것을 한 권으로 축약한 경전이 《금강경》이고, 또 이것을 260자로 요약한 경전이 《반야심경》이다. 또 이것을 한 글자로 요약하면 공空 사상이다.

공空 사상은 현상계에 존재하는 모든 사물이 자신을 형성하는데 독자적인 고유한 성질 즉, 실체自性가 없이 인연화합에 의해서 여러 가지 요소들이 모였다가 흩어지기 때문에 영원히 존재하는 것이 없다는 가르침이다.

자신을 형성하고 있는 고유한 실체가 있다면 시간의 흐름에도 변화하지 않고 영원히 존재할 수 있을 것이다. 그러나 모든 사물은 시간의 흐름에 따라 무상無常하게 변화하고 결국은 소멸하게 되는 것이다.

형상이 있는 모든 사물은 결국 허망하게 없어지고 말 것들이다. 그렇기 때문에

그것에 대해 애착을 가지고 연연해 봐야 소용이 없다.

우리의 육신은 세월이 지남에 따라 결국 죽음에 이르게 되는데 흙 · 물 · 불 · 바람으로 흩어지고 만다. 아무리 육신을 사랑하고 영원히 살 것이라고 집착해 봐야 허무하게 소멸하고 만다.

《반야심경》에서는 이러한 무상과 공의 도리를 깨닫고 소유(有, 있음)에 대한 집착을 버리라고 가르치고 있다. 인생은 빈 손으로 왔다가 빈 손으로 간다. 인생은 꿈과 같고, 허공에 뜬 구름과 같이 허망한 것이다.

이러한 무상한 도리를 알고 살아가는 사람은 생사의 고통으로부터 벗어나 행복한 삶을 살 수가 있다. 고통은 애착과 진리를 모르는 무지(無知, 無明) 때문에 생겨난다. 그래서 집착을 버리고 무지를 타파하면 고통도 사라진다.

《반야심경》에서는 인간을 구성하고 있는 몸과 정신인 "오온五蘊이 모두 공空하다"고 설하고 있다. 뿐만 아니라 인간의 정신작용으로 이루어진 진리와 사상까지도 공하여 실체가 없는 허명虛名으로 텅 빈 것이라고 설하고 있다.

고통도 본래는 실체가 없다. 망상과 집착으로 만들어 낸 허상이다. 그래서 객진번뇌客塵煩惱라고 한다. 나를 괴롭히고 있는 번뇌가 본래 실체가 없고, 잠시 내 마음 속에 나타나서 나를 괴롭히는 나그네라는 사실을 깨달으면 고통은 금방 사라지고 말 것이다.

고통도 고통을 없애는 진리인 사성제, 십이연기법도 모두 공하다. 이러한 공의 도리를 설한 것이다. 공의 이치를 터득하여 깨달은 지혜를 반야바라밀다라고 한다. 이 반야바라밀다에 의해서 깨달음을 얻고 부처가 된다.

《금강경》에서 "형상이 있는 모습을 보되 그것이 실체가 없는 형상(空)인 것을 보면 여래를 보고 깨달음을 얻는다"고 하였다.

형상을 떠나(離相) 공의 이치를 보면 모든 집착으로부터 벗어나 안심(安心)을 얻을 수 있다.

선가(禪家)의 가르침도 선정을 통해서 공의 이치를 깨달아 유상(有相)(있음, 형상)에 대한 집착을 놓아버리면(放下) 안심(安心)을 얻고 해탈을 한다고 한다.

불교의 목적은 괴로움으로부터 벗어나 마음의 평화를 얻어 모든 중생이 함께 정토를 이루어 잘 사는 것이다.

《반야심경》은 괴로움의 원인인 번뇌를 금강석과 같이 단단한 반야 지혜의 칼로 끊어 없애는 길을 설하고 있다. 《반야심경》이 한국 · 중국 · 일본 등 동아시아 불교권에서 모든 불교 법회의식에서 독송되는 이유가 여기에 있는 것이다.

부처님은 《반야심경》을 수지독송하고 사경(寫經)하고 전파하는 공덕은 부처님을 예배공양하는 일보다 백천 배 크다고 가르쳤다.

《반야경》은 부처님의 가피력으로 나라를 보호해 주고 평안하게 해 주는 호국경(護國經)으로 널리 알려져 있다.

고려때 몽고가 침략해 왔을 때 왕이 강화도에 피난하여 팔만대장경을 판각했는데, 고려대장경의 첫 부분이 《반야경》부터 새겨서 부처님의 가호로 외적을 막으려 한 것이다.

무신정권의 실권자로서 신품사현(神品四賢)인 최우(崔瑀)가 대장경 판각사업을 주도하였는데 그의 필적이 세계문화유산과 세계기록문화유산으로 빛나고 있다.

《반야심경》은 수많은 불자들이 사경하여 그 공덕에 젖어 불심을 돈독히 하였고, 천하의 명필들이 예술작품으로 남겼다.

추사 김정희가 친구인 초의선사에게 행서체로 쓴《반야심경》2점이 불가佛家의 보배로 전해 내려오고 있다.

동방의 서성書聖인 김생金生이《화엄경》을 돌에 새긴 '화엄석경'이 나라의 보배이고, 신품사현 중의 한 사람인 탄연坦然선사의 '청평사 문수원기'가 명품으로 전해 왔다.

우리나라 서법書法이 불가佛家와 인연이 깊은 것은 불경의 사경 공덕과 관계가 있는 것이다.

고려대장경 가운데 특히《반야심경》은 수없이 인경印經되어 사찰 법당이나 불자의 안방에 법보法寶로써 봉안되어 왔다.

우리나라에서 현재 사용하고 있는《반야심경》은 현장법사의 번역본인데, 반야바라밀주만은 원본과 다르다. "揭諦揭諦 波羅揭諦 波羅僧揭諦 菩提 娑婆訶"는 조선 세조때 간행된《반야심경 언해본》에서 비롯된 것이다.

각선일여刻禪一如의 경지로 빚어낸 무산茂山의《반야심경》

무산茂山선생이 11월4일 예술의 전당 서예박물관에서《반야심경》을 6년 동안 심혈을 기울여 전각한 작품을 전시하면서, 그 동안 260자를 한자한자 새기면서 그 뜻과 사상을 연구한 과실로 《전각예술로 읽는 반야심경》이란 회심의 역작을 함께 상재上梓한다고 하여 기쁜 마음으로 원고를 살펴보고, 감복과 찬탄을 금할 수 없었다.

전각篆刻에 대해서 손방 문외한門外漢이니 작품 평가는 전문식자에게 양보하고, 《반야심경》을 해설한 내용을 읽어보니 불교 전공자들도 쉽지 않은 불교용어를 일반인들이 이해하기 쉽게 일상적인 언어로 서술한 점과 글자 한자 한자 모두 옥편을 찾아서 음과 훈을 새겨서 후인이 공부하는데 수고로움을 덜어주는 작무作務를 아끼지 않았다.

《반야심경》에 나타난 공·오온·육근·육경·육식·12처·18계·사성제·12연기 등의 기초교리에 대한 설명이 명료하고 간결하였다. 《반야심경》을 전각예술 작품으로 감상하면서 그 뜻을 함께 이해할 수 있도록 했으니 금상첨화이다. 전각을 공부하는 서예가나 《반야심경》을 공부하는 사람에게 불이不二의 길잡이가 될 만하다.

무산戊山 선생의 학구적 열정과 탁월한 미학적 감성과 재주에 고개 숙여 경의를 표한다.

추사 이후 명품 《반야심경》이 무산戊山의 금강각도金剛刻刀에 의해서 새로이 세상에 나와서 감상하는 사람의 눈을 밝게 하고 깨달음을 주게 되니 크나큰 불사佛事 공덕이 아닐 수 없다.

무산戊山 선생은 47년 동안 오직 서예 하나만을 생명으로 삼고 일로매진하였다. 일찍이 국전에서 대상을 수상한 국필國筆이고 대가大家이다. 이미 용문龍門에 들어서서 자유자재하게 장지에 묵검墨劍을 휘두르고, 형산衡山의 바위를 부수고 명옥名玉을 찾아내서 무산茂山에서 갈고 닦은 반야지검般若智劍으로 부처의 눈이요 심장인 《반야심경》을 포정庖丁이 귀신같은 칼놀림으로 해우解牛 하듯이 새겼으니 천하명품으로 손색이 없는 완벽完璧한 예술작품이 되었다.

달인 석수石手가 아니면 바위 속의 부처의 모습을 볼 수 없다고 했는데 선생은 조그만 형옥衡玉 속에서 흘러 나오는 부처의 진언眞言을 칼로 새겨 놓았으니 화벽和璧의 안목眼目이다.

무산茂山선생이 새긴 《반야심경》 전각 예술작품은 추사의 명품 《반야심경》처럼 불가佛家의 보배가 될 것을 믿어 의심치 않는다.

무산茂山선생이 서선일여書禪一如의 마음으로 쓴 '억만불億萬佛' 자와 이모그래피 창시자로서 보여 준 그의 창신創新의 예술정신과 세계 최고가 되겠다고 끊임없이 정진하는 살불월조殺佛越祖의 기개에 힘찬 박수를 보낸다.

당나라 유마거사 왕유王維가 삼매三昧의 경지에서 그린 기록으로만 전하는 '설중파초도雪中芭蕉圖'를 선생에게 기대하면서 《전각예술로 읽는 반야심경》의 출간을 거듭 함께 기뻐하며 축하한다.

2008년 10월 7일

전국 교법사단장 · 문학박사

김형중金衡中

추천의 글

가을이 시작되려는 이 계절, 무산雪山 허회태 불자의 손에 들려있는 《전각예술로 읽는 반야심경》이란 책을 보았을 때 《반야심경》으로 보는 또 하나의 예술을 접할 수 있었다.

'이모그래피Emography'의 창안자인 무산雪山 허회태 불자는 47년 동안의 자신의 예술을 되돌아 보면서 260자의 이 경전을 자신의 불심을 한자한자 새기 듯 전각예술로 펼쳐 보였다. 한결같은 그의 예술세계에 대한 의지가 새겨진 것이다.

《전각예술로 읽는 반야심경》에는 260자로 이루어진 부처님의 가르침이 52개의 다양한 전각 이미지로 펼쳐지며 전각예술과 《반야심경》의 만남을 시도하고 있었다. 그의 전각예술은 감성으로 가득한 서예의 역동적인 선과 날카로운 칼 끝으로 표현되는 장쾌한 선 맛이 그 특징이다. 이러한 그의 전각예술은 그 난해한 불교 경전을 붉은 인주로 표현된 편안한 이미지와 돌에 새겨진 다양한 인장으로 보여주고 있었다. 《반야심경》의 그 핵심적 가르침이 이 예술가의 손끝을 통해 깊게 새겨지며 새롭게 탄생되는 순간이다.

전각예술로 새겨진 부처님의 깊은 깨달음과 그 가르침은 이미지화 되어 그것을 보는 사람들에게 눈으로 보고 쉽게 다가설 수 있도록 해 준다. 글자 하나하나에 불자의 정성어린 불심으로 새겨진 이 전각예술에 깃든 《반야심경》의 가르침은 널리 알려져 있는 부처님의 깨달음을 마음 속 깊이 새기면서 독송할 수 있도록 한다.

《반야심경》은 법회 의식에 빠짐없이 독송되며 불자들에게도 널리 암송되는 경전으로서 이렇듯 전각예술로 읽혀지는 《반야심경》은 이미지로 새겨가는 즐거움을 배가시킨다. 언어와 말로는 모든 것을 표현하기 힘들며 특히 모든 실체는 '공空' 즉 텅비어 있는 세계라는 부처님의 가르침을 허회태 불자의 전각으로 감상할 수 있다.

하늘이 맑고 푸른날에 부처님의 깊은 깨달음을 예술적으로 느껴보는 것도 좋을 듯 싶다.

前 대한불교 조계종 총무 원장 송월주

大空 宋月珠

《반야심경》에 대해서

《반야심경般若心經》의 완전한 명칭은 마하반야바라밀다심경摩訶般若波羅蜜多心經이며, 이를 줄여서 반야심경, 또는 심경이라고 부른다. 그 의미는 '무한한 지혜로 피안에 이르는 마음자리를 찾는 글'이다.

《반야심경》은 팔만대장경의 요체要諦로 부처님의 8만 4천 법문을 260자 안에 요약한 경전으로서 불교사상의 정수를 담았다. 《반야심경》은 우리나라 각종 법회나 의식 때 독송되는 가장 친근한 경이다. 그러면서도 600권이나 되는 대품반야경의 반야사상을 260자로 압축시켜 놓은 만큼 그 해석이 그렇게 용이한 것은 아니다. 그래서 이 경에 대한 수많은 주석서가 전해진다.

《반야심경》의 중심 내용은 '공空사상'으로서 모든 존재는 인연화합의 소산물로써 자신의 고유한 성품(자성, 본체)이 없다는 것이다. 따라서 공空사상에 의하면 무수한 원인과 조건에 의해 시시각각時時刻刻으로 변화하는 것이 현상이므로 변하지 않는 실체는 있을 수 없다. 또 오온五蘊·십이처十二處·십팔계十八界·십이연기十二緣起·사제四諦를 모두 부정하고 있는데, 여기서의 부정은 단순

한 부정이 아니라 깨닫게 하기 위한 방편으로 집착하는 것을 경계한 것이라고 할 수 있다. 공空사상은 용수龍樹보살(Nagarjuna, 2-3세기경)이 정립한 것으로 대승불교의 이론적 토대이다.

《마하반야바라밀다심경摩訶般若波羅蜜多心經》을 풀이하면 다음과 같다.
마하摩訶는 산스크리트Sanskrit어 '마하maha'의 음역이다. 마하는 '큰 · 무한한 · 위대한 · 많은' 등 여러 가지 뜻을 가진다. 마하는 초월적인 존재를 가리키며 입체적으로 무한대라는 의미에 가깝다.
반야般若는 산스크리트어로는 '프라즈냐prajna', 팔리어로는 '판냐panna'이며 '지혜'라고 번역된다. 반야지혜는 공의 이치를 터득함으로써 얻어지는 지혜이다. 존재하는 모든 사물은 여러 가지 요소들이 인연따라 모여서 형성되었다가 인연이 다하면 흩어지기 때문에 자신의 고유한 성품이 없다. 다시 말해서 자신을 형성할 수 있는 고유한 실체가 없다. 따라서 모든 존재는 무상無常하고 영원히 존재할 수 있는 것이 없다. 이것을 공空이라고 한다.
공空의 이치를 깨달으면 잠시 나타났다가 사라질 현상(물질)에 대해 집착할 필요가 없다. 인간의 고통은 집착과 애착으로부터 생겨났다. 모든 현상은 허망한 것이고 무상한 것이다. 이러한 존재의 실상實相은 깨달음으로서 모든 고통으로부터 벗어날 수 있는 지혜가 반야지혜이고 반야바라밀이다.

바라밀다波羅蜜多는 산스크리트어 '파라미타parammita'의 음역이며, '완성'이라는 의미이다. 바라밀은 피안에 건너간다는 뜻이다. 반야지혜를 통해서 생사의 바다를 건너 저 언덕으로 건너간다는 뜻이다.

심心에 해당하는 산스크리트어는 '싯타citta'와 '흐릿다야hardaya'가 있다. 전자는 '정신의 심心'이요, 후자는 '중심中心, 핵심核心'의 의미다. 여기서는 후자의 의미로서 '반야의 마음'이라고 할 수 있다.

경經은 산스크리트어 '수트라sutra'의 번역으로서 성전, 경전의 의미이다.

심경心經은 인식의 주체이고, 윤회의 주체인 마음을 밝힌 경전이라는 뜻이다. 마음(心)의 세계 역시 공하다. 현상으로 나타나는 의식의 세계는 차별하고 분별하는 시비 선악이 있지만 우리의 본래 마음자리 즉, 자성自性은 허공처럼 텅 비어 공적空寂하다. 그러나 아무 것도 없는 텅 빈 마음자리에서 신령스럽고 묘하게 사물을 인식하고 지혜를 발휘하는 영지심靈知心이 있다. 이 영지심이 반야지혜이고, 불성佛性이다.

우리의 본래 마음자리인 불성을 찾는 것을 견성성불見性成佛 즉, 부처가 되는 것이다.

마하반야바라밀다심경摩訶般若波羅蜜多心經이란 공의 이치를 깨달은 크나큰 반야의 지혜를 통해서 생사의 바다를 건너서 피안에 이를 수 있도록 마음의 지혜를 밝힌 경전(부처님 말씀을 기록)이란 뜻이다.

《반야심경》의 산스크리트어 원전은 대본과 소본 두 종류가 전해지고 있다. 두 판본의 내용은 별다른 차이가 없으나, 대본에는 소본에 없는 서론 부분과 결말 부분이 있는 것이 다르다. 주석서는 중국에서만도 당나라 규기窺基의 《반야바라밀다심경유찬》과 법장法藏의 《반야바라밀다심경약소》 등 77부에 이르고 있다. 그 중에서도 가장 널리 독송되는 것은 《서유기西遊記》에서 삼장법사로 알려져 있는 당唐의 현장玄奘이 번역한 소본이다.

우리나라에서는 원효元曉의 《반야심경소》와 원측圓測의 《반야바라밀다심경찬》이 있는데, 원효의 것은 현존하지 않는다. 특히 원측의 것은 현장의 한역본에 대한 최초의 주석서로서 내용이 뛰어나 그 가치를 높이 평가받고 있다.

《반야심경》의 한역본으로는 다음과 같은 것이 있다.

소본으로는,

① 《마하반야바라밀대명주경梵訶般若波羅蜜大明呪經》, 구마라집 역(402~413년 번역)

② 《반야바라밀다심경般若波羅蜜多心經》, 현장 역본玄奘譯本(649년 번역)이 있다.

대본으로는,

① 《보변지장반야바라밀다심경普遍智藏般若波羅蜜多心經》, 법월 역

② 《반야바라밀다심경般若波羅蜜多心經》, 반야·이언 공역

③ 《반야바라밀다심경般若波羅蜜多心經》, 지혜륜 역

④ 《반야바라밀다심경般若波羅蜜多心經》, 법성 역

⑤ 《불설성불모반야바라밀다경佛說聖佛母般若波羅蜜多經》, 시호 역이 있다.

《반야심경》은 현장 역본이 중국, 한국, 일본 등 동아시아권에서 널리 읽히고 있다. 두 역본은 대동소이大同小異하지만 현장 역본이 더 유려하다. 이밖에도 티벳역·몽고역·프랑스역·영역 등이 있는데, 특히 1884년 막스 뮬러Max Muller와 일본의 난조우 박사가 일본 장곡사 소장의 대본과 법륭사 소장의 소본을 교정·영역한 것은 19세기 불교학계의 큰 업적으로 평가된다.

마하반야밀다는 삼세(三世)의 부처님과 보살님이 의지하여 깨달음을 얻어 "모든 부처님을 만든 어머니다"라고 한다. 불교 경전 가운데 으뜸이고 핵심이 《반야심경》이다. 반야경전을 통해서 우리는 깨달음을 얻을 수 있고, 생사의 고통으로부터 벗어날 수 있다. 《반야심경》을 수지 독송하는 공덕은 한량없다. 불교의 모든 법회 의식에서 《반야심경》을 독송하는 연유가 여기에 있다.

摩訶般若波羅蜜多心經
마하반야바라밀다심경

觀自在菩薩　行深般若波羅蜜多時　照見五蘊皆空　度一切
관자재보살　　　행심반야바라밀다시　　　조견오온개공　　　도일체

苦厄　舍利子　色不異空　空不異色　色卽是空　空卽是色　受想
고액　사리자　색불이공　공불이색　색즉시공　공즉시색　수상

行識　亦復如是　舍利子　是諸法空相　不生不滅　不垢不淨
행식　역부여시　사리자　시제법공상　불생불멸　불구부정

不增不減　是故空中無色　無受想行識　無眼耳鼻舌身意　無
부증불감　시고공중무색　무수상행식　무안이비설신의　무

色聲香味觸法　無眼界　乃至無意識界　無無明　亦無無明盡
색성향미촉법　무안계　내지무의식계　무무명　역무무명진

乃至無老死　亦無老死盡　無苦集滅道　無智亦無得　以無所
내지무노사　역무노사진　무고집멸도　무지역무득　이무소

得故 菩提薩埵 依般若波羅蜜多故 心無罣碍 無罣碍故 無有
득고　보리살타　　의반야바라밀다고　　심무가애　무가애고　무유

恐怖 遠離顚倒夢想 究竟涅槃 三世諸佛 依般若波羅蜜多故
공포　원리전도몽상　구경열반　삼세제불　의반야바라밀다고

得阿耨多羅三藐三菩提 故知般若波羅蜜多 是大神呪 是大
득아뇩다라삼먁삼보리　　고지반야바라밀다　　시대신주　시대

明呪 是無上呪 是無等等呪 能除一切苦 眞實不虛 故說般
명주　시무상주　시무등등주　능제일체고　진실불허　고설반야

若波羅蜜多呪 卽說呪曰
바라밀다주　즉설주왈

揭諦揭諦 波羅揭諦 波羅僧揭諦 菩提 娑婆訶
아제아제　바라아제　바라승아제　모지　사바하

《반야심경》의 한글 번역

마하반야바라밀다심경 摩訶般若波羅蜜多心經

- 위대한 지혜로 피안에 이를 수 있는 마음자리를 찾는 글

관자재보살이 깊이 반야바라밀다를 실천할 때, 다섯 가지 쌓임이 모두 비어 공 $^{\&}$한 것을 비추어 보고 온갖 괴로움과 재앙을 소멸하였느니라.

사리불이여, 물질이 공 $^{\&}$과 다르지 않고 공 $^{\&}$이 물질과 다르지 않으며, 물질이 곧 공 $^{\&}$이요 공 $^{\&}$이 곧 물질이니, 느낌과 생각과 지어감과 의식도 또한 그러하니라.

사리불이여, 이 모든 법의 공 $^{\&}$한 모양은 생겨나지도 소멸하지도 않으며, 더럽지도 않고 깨끗하지도 않으며, 불어나지도 않고 줄어들지도 않는 것이니라. 이러한 까닭에 공 $^{\&}$ 가운데는 물질이 없으며, 느낌과 생각과 지어감과 의식도 없으며, 눈과 귀와 코와 혀와 몸과 뜻도 없고, 빛과 소리와 냄새와 맛과 감촉과 법도 없으며, 눈의 경계도 없고, 이에 또한 의식의 경계까지도 없으며, 무명도 없고, 또한 무명이 다함까지도 없으며, 늙고 죽음도 없고, 또한 늙고 죽음이 다함까지도 없으며, 괴로움도 없고, 그 원인도 없고, 그 소멸도 없고, 그 소멸의 수행방법까지도 없으며, 지혜도 없고 또한 얻음도 없느니라.

아무것도 얻을 것이 없는 까닭에 보살은 무한한 대지혜에 의하여 저 언덕으로 건너갔노라. 그러므로 마음에 아무것도 걸림이 없고, 마음에 거리낌이 없으므로 아무것도 무섭거나 두려울 것이 없느니라.

뒤바뀐 헛된 생각을 아주 멀리 떠나 마침내 열반에 들어가며, 먼 과거로부터 모든 부처님도 반야바라밀다를 의지하므로 일체 진리를 체득한 위없는 올바르고 평등한 깨달음을 이루었노라.

그러므로 알아라. 반야바라밀다는 위대하고 신비로운 주문이며, 크게 밝은 주문이며 위가 없는 최고의 주문이며, 아무 것도 견주어 비교할 수 없는 거룩한 주문이니, 모든 재액과 일체 고뇌를 제거해주는, 거짓 없는 진실한 말씀이니라.

그러므로 무한대의 지혜로 저 언덕을 건너가는 반야바라밀다의 주문은 이러하다.

아제아제 바라아제 바라승아제 모지 사바하

(가세 가세. 저 언덕에 가세. 우리 함께 저 언덕에 가세. 깨달음이여, 행복이 있을지어다.)

차 례

摩訶般若波羅蜜多心經

마하반야바라밀다심경

摩訶般若波羅蜜多心經 _{마하반야바라밀다심경}

무한한 지혜로 열반에 이르는 마음자리를 찾는 글

마하摩訶

갈 마摩 갈다, 문지름

꾸짖을 가(하)訶 꾸짖다

산스크리트Sanskrit어 마하maha의 음音역이다. 《반야심경》에서는 '마가' 라고 읽지 않고 '마하' 라고 읽는다. 크다, 위대하다, 훌륭하다의 뜻이다.

반야般若

돌 반般 돌다, 반야 반

같을 약若 마른풀 야

'반약' 이라고 읽지않고 '반야' 라고 읽는다.

산스크리트어 프라즈냐prajna의 음역이다. 통상 지혜라 해석하지만 제불諸佛의 어머니母라 할 수 있는 무한하고 최상의 지혜를 말한다. 대우주에 충만해 있는 반야의 지혜를 갖추지 아니하고는 정각正覺을 얻지 못한다. 이에 비해 보통 인간은 유한의 지혜에 좌우되고 지배된다. 이렇듯 인간은 사람의 지혜를 초월한 무한지혜를 얻지 못한 고로 잘못 판단하여 고난과 미혹함을 거듭하게 된다. 반면 무한한 대지혜에 의해 살아가면 어떠한 환경 속에서도 안심하고 생활할 수 있다.

바라밀다波羅蜜多

潮 물결 파波
羅 벌릴 라羅
蜜 꿀 밀蜜
多 많을 다多

'파라밀타' 라고 읽지않고 '바라밀다' 라고 읽는다.
산스크리트어 파라미타parammita의 음역이다. 완성이라는 의미로서 열반涅槃의 경지를 말한다. 괴로움이 업는 이상세계인 피안(저 언덕)에 건너가다의 뜻이다. 피안에 건너가기 위해서는 실천덕목으로 6바라밀 (보시 · 지계 · 인욕 · 정진 · 선정 · 반야)이 있는데, 반야바라밀다가 으뜸가는 바라밀다이다.

심경心經

心 마음 심心
經 날실 경經 날실, 길, 경전, 이치

심心은 산스크리트어 흐리다야hrdaya의 의意역. 경經은 수트라sutra의 의역. 심은 핵심, 정수를 뜻하며 경은 경전, 성전의 의미이다. 심경은 마음자리를 찾는 글이라고 볼 수 있다.

1

觀自在菩薩

관자재보살

觀自在菩薩 _{관자재보살}

관자재보살이

 관자재觀自在

산스크리트어 아발로키테(Avalokita)와 이슈와라(Isvaro)의 합성어이다. 아발로키테는 본다, 관찰한다는 의미이며, 이슈와라는 지배자, 소유자, 자유롭게 존재한다는 의미이다. 따라서 관자재觀自在는 전지전능하며 자유자재로 관찰할 수 있다는 뜻이다.

 보살菩薩

산스크리트어 보디사트바(bodhisattva)의 음역이다. 보디(bodhi)와 사트바(sattva)의 합성어이다.
보디는 깨달음을, 사트바는 사람(중생)을 뜻한다. 그러므로 보디사트바는 깨달음을 구하는 사람이다.

관자재보살觀自在菩薩
세상의 고통을 관찰하여 고통받는 사람을 찾아가서 자유자재하게 구제하는 것이 자유로운 깨달은 사람.

観自在菩薩

산스크리트어 아발로키테슈와라(Avalokitesvara)를 구마라집 스님은 '관세음보살' 이라고 번역하였고, 현장스님은 '관자재보살' 이라고 번역하였다. 보살의 자비로움을 강조할 때는 '관세음보살' 로, 보살의 지혜로움을 강조할 때는 관자재보살로 표현한다.

관자재보살은 현상계의 사물을 모든 각도에서 정확하고 또 자유자재로 관찰할 수 있는 전지전능한 관세음보살(觀世音菩薩)을 말한다. 다시 말해서 보살의 경지이다. 따라서 이상적이기는 하나 인간도 깊이 수행하면 이러한 고차원성에 도달하게 된다.

2 行深般若波羅蜜多時

행심반야바라밀다시

行深般若波羅蜜多時 행심반야바라밀다시

깊이 반야바라밀다를 실천할 때

반야바라밀다般若波羅蜜多

육바라밀六波羅蜜 중에서 지혜의 바라밀을 반야바라밀이라고 한다. 공空의 이치를 깨달은 무분별지의 바라밀, 즉 참된 지혜를 얻어 열반에 이르는 것이다.

행심行深

행行 실천하다, 행동하다
심深 깊다
불교의 진리(법)대로 깊이 수행하라는 것. 사람에 따라 생활양식이나 방법은 천차만별이겠으나 생활 자체는 부정할 수는 없다. 일상의 동작이나 활동을 지혜롭게 승화시켜 부단히 정진하며 오묘한 신앙의 극치로 불지佛智에 도달하도록 절실히 요청하고 있다.

 시時

때, 시간

◆ 육바라밀六波羅蜜 생사의 고통을 건너 열반(행복)에 이르는 여섯 가지 덕목

보시바라밀布施波羅蜜
동체 자비심으로 중생을 사랑하여 베풀어줌으로써 중생을 고통으로 구제하는 실천행이다. 보시에는 세 종류가 있다. 가난한 사람을 재물로써 구제하는 재시財施, 부처님 말씀을 설하여 무지를 깨우쳐 주는 법시法施, 그리고 두려움과 공포심에 젖어 사는 사람에게 용기와 지혜를 갖도록 도와주는 무외시無畏施가 있다.

지계바라밀持戒波羅蜜
부처님의 청정한 계율을 잘 지키는 것을 뜻한다. 계율은 불자의 행동지침이다. 계율을 방패삼지 않으면 악마나 이교도의 유혹을 견뎌낼 수 없다. 기본 계율을 5계라 하는데, 5계는 살생하지 않으며(不殺生), 남의 물건을 탐하여 훔치지 않으며(不偸盜), 음란한 짓을 하지 않으며(不邪淫), 거짓말을 하지 않으며(不妄語), 지혜 종자를 죽이는 술을 마시지 않는 것(不飮酒)을 말한다.

인욕바라밀忍辱波羅蜜
참고 용서하는 수행법이다. 부처님은 "인욕忍辱은 만복의 근원이다"라고 했다. 인간이 사는 이 사바세계는 자신의 욕구대로 되지 않는 일이 많다. 따라서 인욕하지 않으면 고통에서 벗어날 수 없다.

정진바라밀精進波羅蜜
불퇴전의 노력을 뜻한다. 세상만사가 정진하지 않고 성취되는 일이 없다. 육바라밀의 다섯 덕목이 정진바라밀에 의해서 성취된다.

선정바라밀禪定波羅蜜
산란한 마음을 고요히 가라앉혀 마음의 정체와 공空의 세계를 깨닫는 수행법이다. 반야지혜와 깨달음은 선정을 통해서 얻어진다.

지혜바라밀智慧波羅蜜
반야바라밀般若波羅蜜이라고도 한다. 선정을 통해서 얻어진 깨달음의 지혜를 뜻한다. 반야지혜는 공의 이치를 깨달았을 때 나타나는 분별과 시비 차별을 떠난 지혜이다. 육바라밀의 다섯 덕목이 모두 지혜바라밀에 의해서 완성된다.

3 照見五蘊皆空

조견오온개공

照見五蘊皆空 조견오온개공

다섯 가지 쌓임이 모두 비어 있음을 비추어 보고

조견照見 – 비출 조照 자와 볼 견見, 비추어 보다' 라는 의미.

오온五蘊 – 산스크리트어로 판차스칸다Panck-Skandha이다. 오온이란 인간을 구성하는 다섯 가지 쌓임으로서 색色, 수受, 상想, 행行, 식識이다. 인간의 몸과 마음의 구성과 관계를 설명한 교설이 오온설이다. 오온설은 생멸하고 변화하는 모든 존재의 현상을 물질(色)과 정신 또는 육체(色)와 마음(受, 想, 行, 識)을 중심으로 색色 · 수受 · 상想 · 행行 · 식識 다섯 가지 오온으로 분류하여 설명한 것이다.

개皆 – 모두 개皆 '모두 다', '모든 것' 을 의미한다.

공空 – 빌 공空 '텅 비어 있다' 는 의미. 공空은 《반야심경》의 핵심사상으로 해석이 어렵다.
공空 사상은 용수龍樹보살Nagarjuna, 2-3세기경이 정립한 것으로 대승불교의 이론적 토대가 된 것이다. 공空이란 모든 존재는 인연화합의 소산물로써 자신의 고유한 성품(자성, 본체)이 없다는 뜻이다. 독자적으로 존재할 수 있는 실체가 없이 허공의 꽃(空花, 假有)과 같이 인연에 따라서 일정기간 잠시 현상세계에 나타나 있는 가상에 불과한 것이다.

따라서 '개공^{皆空}'은 지금까지 여기 있던 사물이 인연이 다하면 텅 빈 공(에너지)의 상태로 소멸되어 버리는 것이다. 속된 예로 음식을 들면 접시에 쌓아있던 음식을 전부 먹어버리면 접시에는 아무 것도 없는 빈 접시가 된다. 음식도 몇 시간이 경과되면 위장을 거쳐 빈 상태가 된다. 이와 같이 오온^{五蘊}은 반드시 공^空으로 쇠하고 만다.

고뇌도 재액^{災厄}도 반드시 소멸된다. 대자연의 폭풍우가 아무리 위력을 떨치더라도 수일 후면 소멸되어 본래의 고요한 공의 상태로 돌아간다. 인간계도 마찬가지다. 그러므로 심경^{心經}과 오온^{五蘊}은 개공^{皆空}의 상^相이므로 막연하게 그것에 사로잡히지 말고, 그것을 초월하면 고뇌로부터 해방되어 절대 안온한 경지에 도달하는 것이다.

◆ 우리의 육신과 마음이 모두 공^空함을 깨달아서 집착으로부터 벗어나야 해탈을 얻는다.

 우리 인간은 오온^{五蘊}의 일시적인 화합체이다. 인간의 육체나 정신도 무상하게 변하고, 그 독자적인 실체가 없는 공(無我)이다.

인간이 세상에 머무는 시간이 100년인데, 우리 마음과 육신은 시시각각으로 변한다. 그러나 변화하는 모습이 눈에 보이지 않게 미세하기 때문에 우리는 무상하고 공^空인 우리의 존재에 대하여 그릇되게 생각하고 있다. '나는 변하고 있지 않다', '영원하다', '내 생각이 항상 옳다'는 아집과 망상을 갖게 된 것이다. 따라서 우리는 이런 그릇된 망상 때문에 고통 속에서 윤회하는 고륜 중생의 수레바퀴를 벗어나지 못하는 것이다.

다섯 가지 요소(五蘊)가 모여서 망심^{妄心}을 일으켜 진실의 실상^{實相}을 덮고 가린다고 하여 '오음^{五陰}'이라고도 부른 것이다. '조견오온개공 도일체고액^{照見五蘊皆空 度一切苦厄}'이라는 뜻은 "우리의 몸과 마음이 실체가 없는 공^空임을 알면 모든 고통으로부터 벗어난다"는 뜻이다.

오온설은 인간을 포함한 세계에 존재하는 것들이 상호관계성(다섯 가지 요소) 속에서 생겨나는 물질(존재, 육체)과 정신(의식, 마음)의 두 영역을 구별하여 설명한 교리이다.

度一切苦厄

도일체고액

度一切苦厄 도일체고액

온갖 괴로움과 재앙을 소멸하였느니라

度 도度

법도 도度로 법도, 제도, 건너가다, 헤아리다의 의미.

切 일체 一切

산스크리트 어 사르밤Sarvam으로써 모두, 모든 것을 의미한다.
'일체一切'는 사물을 부인 또는 금지의 뜻으로, '아주', '도무지'의 뜻으로
쓰일 때는 '일절'이라 읽고, '온갖 것', '모든 것'의 뜻으로 쓰일 때는 '일
체'라고 읽는다. 《반야심경》에서는 '온갖 괴로움'의 뜻으로 쓰이기 때문에
일체一切라고 읽어야 한다.

苦厄 고액苦厄,

괴로울 고苦와 재앙 액厄괴로움과 재앙이라는 의미이다.

度一切苦厄

◆ 일체의 괴로움과 재앙에서 벗어나다.

 싯다르타가 왕자의 자리를 버리고 출가한 목적이 인간이 겪는 생로병사의 고통을 해결하기 위한 것이다. 6년 고행을 통해서 괴로움으로부터 벗어날 수 있는 지혜를 깨달아서 부처님이 되었다. 이것이 불교이고 불교의 목적이다.

'괴로움으로부터 해방', 이것은 모든 인간의 소망이고 목표이다. 인간에게 고통이 있는 한 행복도 있을 수 없다. 괴로움을 없애는 길이 많이 있겠지만 부처님께서는 마치 의사가 병자의 병을 정확히 진단하여 처방을 내려서 병이 쾌유가 되듯이 인간이 살고 있는 이 세상의 원리(법칙)와 실상實相(참모습)을 알고 그것을 해결했을 때, 괴로움으로부터 벗어날 수 있다고 팔만대장경에 설하고 있다. 이 세상의 법칙은 원인이 있어야 결과가 있다는 인과법因果法과 모든 사물과 존재가 상호 관계성이 있어서 의지하며 존립한다는 연기법緣起法이다.

또한 만물의 실상實相이 자기의 고유한 성품이 없이 서로 다른 여러 가지 요소들이 상호 인연합으로 연기하기 때문에 실체가 없는 무아無我임을 밝힌 진리가 공空 사상이다.

舍利子

사리자

舍利子 사리자

사리불이여

산스크리트어로 사리푸트라Sariputra이다.
부처님의 10대 제자 중에서 지혜가 가장 뛰어났던 지혜제일智慧第一의 사리
자불舍利子佛을 사리자라 한다. 사리자를 불러 대화의 상대자로 삼은 것은
관자재보살의 심오한 지혜의 경지는 쉽게 이해할 수 있는 것이 아님을 짐
작하게 한다.

舍利子

 사리자는 중인도의 구舊 마가타국 바라문의 가문에서 태어났다. '사리'란 잘 지저귀는 작은 새의 이름이라고도 하며, 해오라기(鷺)의 일종이라고도 한다. 인도에는 어머니가 임신하면 태아의 성격이 어머니에게 옮겨진다고 생각했다. 지혜가 뛰어났던 사리자를 잉태한 어머니는 이전과 달리 총명한 사람으로 변했다. 그래서 사리라는 이름을 붙였다고 한다. 그는 성장해서 당시 유명한 어떤 회의파(懷疑派) 철학자의 제자가 된다. 타고난 총명과 웅변으로 동지 백여 명의 지도자로서 이름을 널리 떨쳤다. 어느 날 길에서 만난 앗사지라는 사람의 예의 바른 태도에 감복(感服)하게 된다. 앗사지는 석존이 싯다르타 왕자로 있을 때 다섯 사람의 친구 중의 한 사람으로 6년간 고행을 함께 했다.

앗사지와 만난 사리자는 마음 속으로 그 행의行儀가 훌륭함에 놀라는 한편, 이같은 사람의 스승은 과연 어떤 사람일까 궁금하게 여겨 그에게 스승이 누구인지를 묻고, 스승이 무엇을 가르치는가를 물었다. 앗사지는 석존이 스승이라 밝히고, '모든 것이 인연을 따라서 일어나는 것이다. 인연을 좇아 살고 인연을 따라 소멸하는 것이다'라고 가르친다고 말했다.

사리자는 이것을 듣고 깜짝 놀랐다. 이와 같은 '인연설'은 다른 학파에서는 전혀 생각해 보지도 못한 일이며, 알지 못했던 처음 듣는 가르침이었다. 그때까지 품고 있던 의문점이 모두 풀린 것이다. 그래서 친구인 목련目連 등과 함께 석존의 제자가 된다. 뒤에 석존의 10대 제자가 되는데 사리자는 지혜제일智慧第一, 목련은 신통제일神通第一이라고 불리게 된다. 또한 석존은 사리자를 깊이 신임하여 라훌라(석존의 아들, 석존의 제자가 됨)를 지도케 한다.

이러한 조건에서의 사리자가 반야의 지혜의 상징인 관자재보살로부터 공空에 대한 말을 듣는 것이 《반야심경》이다.

6 色不異空

색불이공

色不異空 색불이공

물질이 공과 다르지 않고

색色

산스크리트어 루파rupa의 의역意譯

인간을 구성하는 요소 중에서 물질적인 형체, 육체를 의미한다. 색色이란 한자 뜻으로는 '빛깔', '여색'의 뜻이 있으나 불교용어에서는 빛깔을 가진 모든 '물질', '형상'을 뜻한다.

공空

공空은 있음(실재)이 실체로서 있지 않음을 해명하기 위한 언어이다.

色不異空

 "현상계에 존재하는 모든 사물은 인연따라 생겨났다가 금방 사라지기 때문에 영원히 존재하는 것은 없다. 그러나 전혀 근원적으로 아무 것도 없는 상태인 무無는 아니요(非無), 실체는 없지만 환상처럼 형상을 이루고 있기 때문에 가유假有 상태이다. 그래서 있다(有)고 할 수 없는 비유非有 상태이다. 공空은 물이 형상이 없는 산소와 수소의 결합체이듯이 무형의 에너지와 같은 실체가 없이 묘하게 있는 진공묘유眞空妙有의 상태이다.

空不異色

공불이색

空不異色 공불이색

공空이 물질과 다르지 않으며

 공空

공空 사상은 대승불교의 핵심사상으로 용수보살에 의해 정립되었다.
600권《반야심경》을 한 마디로 요약하면 공空이다.

色 색色

인간을 구성하는 요소 중에서 물질적인 부분인 몸, 육체는 흙(地), 물(水),
불(火), 바람(風) 등 네 가지로 이루어져 있다.

空不異色

공^空이란 세상에 존재하는 모든 사물이 인연따라 여러 가지 요소들이 모여서 이루어져 있기 때문에 자신의 고유한 성질, 즉 실체가 없다는 것이다. 따라서 시간이 변화함에 따라 무상^{無常}하기 때문에 영원히 존재할 수가 없다. 꿈처럼 환상처럼 잠시 나타났다가 사라지고 말 허망한 것이다. 그러므로 거기에 집착하는 것은 부질없는 일이다. 집착하면 고통이 따른다. 반야의 지혜는 공^空의 이러한 도리를 이해하는 것으로 집착을 버리면 고통으로부터 해방된다는 가르침이다.

色卽是空

색즉시공

色卽是空 색즉시공

물질이 곧 공空이요

色空 색色이 곧 공空이다. 물질인 색色은 초물질인 공空으로 변화한다.

色卽是空

모든 존재(色)는 실체가 없이 형상을 이루고 있음이 마치 꿈과 같고, 환상과 같고, 그림자와 같다. 허공에 피어 있는 꽃과 같이 실체가 없다. 무수한 에너지가 응집된 것처럼 본래의 모습은 텅빈 환영(幻影)인 것이다. 공(空)의 세계이다. 이것이 존재하는 모든 것들의 참모습(實相)인 것이다. 이 도리를 알아야 허망하고 무상한 것들에 대해서 집착하지 않고 고통에서 벗어날 수 있다. 만물은 무상하기 때문에 분해되고 흩어져서 궁극으로는 공(空)의 상태로 돌아 간다.

언젠가 없어질 물질이나 내 몸뚱이에 너무 집착하면 고통이 생기므로 있음(有)의 집착을 타파하기 위해서 공(空)을 설한 것이다.

空即是色

공즉시색

空卽是色 공즉시색

공이 곧 물질이니

 공空이 곧 색色이다. 초물질인 공空은 물질인 색色으로 변화한다.

空卽是色

공空은 무아無我이고, 연기緣起이다. 모든 존재는 '나'라고 할 수 있는 고유한 성질, 즉 실체가 없음으로 무아이고, 여러 가지 각기 다른 요소들이 인연따라 모여서 형상을 이루므로 연기이다. 공하기 때문에 여러 가지 요소가 화합하여 물질을 이룰 수 있다.

중국 당나라 현수 법장 스님은 《반야심경(약)소》에서 모든 존재가 인연따라 연기緣起하므로 자성自性이 없음을 밝히는 측면보다는 공空하기 때문에 존재가 생성됨을 밝히는 유론有論의 측면에 서서 연기를 설명했다. 그래서 공이 곧 물질(空卽是色)이다.

있음(有)에 너무 집착해도 고통이 생기고, 없음(空)만 강조해도 공병空病이 생겨서 더 큰 고통이 따른다. 공空은 상대적으로 대립하고 있는 여러 개념 가운데 어느 것에도 집착하지 않는 것이므로 중도中道라고도 하는데, 사실 공空은 중도를 설한 것이다.

10 受想行識

수상행식

受想行識 수상행식

느낌과 생각과 지어감과 의식도

 수受

산스크리트어 베다나vedana의 의역意譯.
정신적인 부분인 느끼는 것, 즉 감수작용, 감각작용을 말한다. 인간이 어떤 대상을 보고 느끼는 것으로 심리적 상태와 같은 것을 의미한다.

상想

산스크리트어 삼즈냐, 삼냐sam-jna의 의역.
정신적인 부분인 밖의 대상에 대하여 느낀 바를 마음 속으로 생각해 보는 지각 작용.

행行

산스크리트어 삼스카라samskara의 의역.
자신의 욕구대로 실천해 보려는 의지작용을 말한다.

식識

산스크리트어 비즈나나vijnana의 의역.
분별하고 판단하는 의식작용, 식별작용을 뜻한다. 정신작용인 수受·상想·행行·식識을 총괄하고 대표한다. 그래서 인간의 정신이나 마음을 불교용어에서 '식識'이라고 한다.

受想行識

수受 · 상想 · 행行 · 식識은 인간의 정신작용을 나타낸 말이다. 우리의 마음 작용은 외부의 대상에 대하여 느낌을 갖는 감수작용, 밖의 대상에 대하여 느낀 바를 마음 속으로 생각해 보는 상상 지각 작용, 또 그것을 자신의 욕구대로 행동하고 실천해 보려는 의지 작용, 우리의 정신작용을 총괄적으로 분별하고 판단하는 의식작용으로 되어 있다. 오온설에서는 이것을 각각 수온受蘊 · 상온想蘊 · 행온行蘊 식온識蘊이라고 한다.

亦復如是

역부여시

亦復如是 역부여시

또한 그러하니라

역부여시亦復如是라는 말은 줄임말로, 전체 문장은 다음과 같다.

色不異空 空不異色 色卽是空 空卽是色
색불이공 공불이색 색즉시공 공즉시색
受不異空 空不異受 受卽是空 空卽是受
수불이공 공불이수 수즉시공 공즉시수
想不異空 空不異想 想卽是空 空卽是想
상불이공 공불이상 상즉시공 공즉시상
行不異空 空不異行 行卽是空 空卽是行
행불이공 공불이행 행즉시공 공즉시행
識不異空 空不異識 識卽是空 空卽是識
식불이공 공불이식 식즉시공 공즉시식

위의 모든 내용을 다음과 같이 줄일 수 있다.
色不異空 空不異色 色卽是空 空卽是色 受想行識 亦復如是

亦復如是

정신은 물질과 달리 무형이다. 무형의 정신계도 있는가 하면 없고, 없는가 하면 있고, 없는 것 같으면서 없지 않은 것이 정신계이다. 사랑과 증오, 기쁨과 슬픔 등 정신과 감정 같은 이 모든 것들은 텅 비어 공(空)한 것으로 환영이고 꿈같은 세계이다. 따라서 연중 계속하여 흥분하거나 기뻐하고 슬퍼하거나 미워할 수는 없다.

12 舍利子

사리자

사리불이여

48, 49쪽의 내용 참고

13

是諸法空相

시제법공상

是諸法空相 시제법공상

이 모든 법의 공空한 모양은

 제법諸法

법法은 다르마dharma의 번역으로 본래는 우리의 마음으로 인식할 수 있는 현상계의 사물과 마음이 만들어 낸 관념세계를 지칭하는 뜻이다. '부처님이 설한 진리'를 가리키는 말로 쓰인다.

 공상空相

공한 모양, 공한 형태

상相은 형상이 있는 사물을 뜻하는데, 색色과 같은 뜻으로 쓰인다.

是諸法空相

모든 것(諸法)은 현상체가 되었다가 다시 공空, 즉 사라지며 인연이 연결되면 공空으로부터 다시 현상체가 된다. 따라서 공空의 이치에서 볼 때는 모든 것이 생겨나는 것도 없고 사라지는 것도 없다.

14 不生不滅

불생불멸

不生不滅 불생불멸

생겨나지도 소멸하지도 않으며

나는 것도 아니고 멸하는 것도 아니다. 생멸生滅은 현상세계에서만 있는 일이다. 대우주 생명계에는 생겨나는 것도 소멸하는 것도 본래부터 없다.

不生不滅

불생불멸이란 존재하는 모든 것은 근원적으로 공空한 것이므로, 생겨나는 일(生)도, 소멸하는 일(滅)도 없다는 뜻이다. 공空의 이치에서 보면 만물은 실체가 없는 에너지의 응집체 같은 것이므로 현상계에서는 인연따라 생겨났다가 소멸하지만 공空의 세계 즉 실상實相은 에너지(氣)의 이합집산離合集散에 불과하므로 불생불멸이고, 불구부정不垢不淨이고 부증불감不增不減이다. 이렇게 《반야심경》에서는 '육불六不'을 통해서 실체가 없는 공空의 세계를 나타냈다. 용수의 《중론》에서는 '팔부중도八不中道'를 통해서 공空의 실상을 나타냈는데, 팔불八不의 내용은 다음과 같다.

일체법의 참모습(實相)은 ① 생겨나지도 않고 소멸하지도 않는다(不生不滅) ② 아주 없어지는 것도, 영원한 것도 아니다(不斷不常) ③ 한 덩어리가 아니며, 그렇다고 각각 다른 개체도 아니다(不一不異) ④ 간 것도 아니고 온 것도 아니다(不去不來).

용수보살은 팔불八不의 부정을 통해서 이 세상의 모든 것이 여러 가지 인연의 화합으로써 성립된 것이지 그 하나하나에 어떠한 불변한 고유의 자성이 있지 않는 공空의 세계임을 밝혔다.

15 不垢不淨

불구부정

不垢不淨 불구부정

더럽지도 않고 깨끗하지도 않으며

대우주 생명계에는 나는 것도 멸하는 것도 더러움이나 깨끗함 등은 본래
부터 없다. 공空의 일상 뿐임으로 그와 같은 것은 없다.

不垢不淨

더럽다 깨끗하다고 하는 생각은 바라보는 관점에 따라서 다르다. 인간의 척도에서 바라보는 똥은 더럽다. 그러나 똥통에 살고 있는 구더기 입장에서는 포근하고 깨끗한 보금자리이다. 더러운 사람의 관점에서는 깨끗하게 보이나, 깨끗한 사람의 눈으로 볼 때는 더럽게 보인다. 본래 공의 세계에서 볼 때는 더럽고 깨끗하다는 상대적인 차별이 없다.

16 不增不減

부증불감

不增不減 부증불감

불어나지도 않고 줄어들지도 않는 것이다.

 더하지도 줄지도 않는다.

현상계의 모습은 더했다가 줄어들었다 하지만 우주공상 宇宙空相에는 증감
增減이 있을 수 없다.

不增 不減

 부엌의 채소가 식탁의 반찬이 되고 쓰레기가 되어 변화하였다. 없어지고 줄어든 것이 아니다. 부엌의 쓰레기 또한 쓰레기장으로 자리만 옮겨졌지 없어지지 않았다. 쓰레기 장에서 소각된 쓰레기는 없어지지 않는다. 열에너지로 변하여 환경을 오염시키고 있 다. 지구나 우주 안에서 볼 때는 조금도 늘어나거나 줄어듦이 없는 것이다.

아예 생기고 소멸하는 법이 없는데 무엇이 불어나고 줄어드는 일이 있겠는가. 우리가 보고 있는 생겨나고 없어지고, 더럽고 깨끗하고, 불어나고 줄어드는 일체의 현상은 사실은 환상인 것이다. 꿈이요 공인 것이다. 우리의 본래 마음자인인 자성自性은 허공처럼 공적空寂하여 그런 일이 본래 없는 것이다.

17
是故空中無色

시고공중무색

是故空中無色 시고공중무색

이러한 까닭에 공에는 물질이 없으며

이러한 연고로 공 가운데에는 물질은 존재치 않는다. 존재하는 것은 무한대의 공상空相일 뿐이다.

是故空中無色

 앞에서 설명한 '오온개공' 과 같은 뜻이다. 오온 즉, 색色 · 수受 · 상想 · 행行 · 식識이 공하기 때문에 색色 · 수受 · 상想 · 행行 · 식識은 없는 것이다. 색은 곧 우리의 몸이 다. 공의 이치에서 볼 때 우리의 몸은 실체가 없는 파도나 그림자와 같은 것이다. 머리, 머리털, 손, 손톱, 입, 이빨 등을 하나하나 나누고 나누면 이 가운데서 진정한 '나'라고 할 수 있는 것은 하나도 없다. 나가 아닌 것들이 인연따라 잘 만나서 나의 몸뚱이를 형성하고 있는 것이다. 이것이 무아요, 공이다. 따라서 공 가운데는 물질이 없다.

18
無受想行識

무수상행식

無受想行識 무수상행식

수受 · 상想 · 행行 · 식識도 없다.

수受 · 상想 · 행行 · 식識은 오온 가운데 우리의 정신세계를 뜻한다. 육체(色)와 정신(受 · 想 · 行 · 識)이 하나로 결합될 때 비로소 완전한 인간이 된다. 이처럼 인간의 몸과 마음이 분리될 수 있는 것도 '오온개공'이기 때문에 가능한 것이다. 이 오온의 공한 모습을 바로 아는 것이 자기 자신의 본래 모습을 올바로 인식하는 일이다. 우리는 잘못된 업식業識 작용 때문에 몸과 마음이 영원한 것처럼 착각하고 집착한다. 그러나 우리의 본래 모습은 텅빈 것, 공한 것이다. 그러므로 몸(色)도 없고, 느낌(受)과 생각(想)과 욕구 의지(行)와 의식(識)도 없는 것이다. 생겨났다가 사라지고 말것이다.

無受想行識

대우주계大宇宙界에는 인간의 의지意志, 사상思想, 감정感情, 지혜智慧 등은 일체 통하지 않는다. 한정된 인간세계에서만 통용될 뿐이다. 그와 같은 것은 당초부터 유한한 까닭이다. 마침내 현상계를 떠남과 동시에 소멸된다.

살아있는 동안만 현상으로서 인정될 뿐이다. 한정된 감정, 의지, 지혜 등은 있는 것 같으나 실은 없는 것과 같다.

앞에서 말한 색즉시공色卽是空에서 시작하여 수상행식受想行識 역부여시亦復如是에서 끝난 일절一切은 인간의 실상과 생존에 대한 말씀이고 다음 시고공중무색是故空中無色 무수상행식無受想行識에 끝난 일절一切은 우주 대생명계의 실상을 말한 것으로 사유된다.

물론 인간도 대생명계 중의 소생명계이므로 대생명의 실상은 곧 소생명계의 실상이 아니면 안 된다. 대소 생명계의 실상이 각각 전혀 이질적이라면《반야심경》에서의 대우주 생명관은 진리와 법칙에 반하게 된다.

그러므로 대소 생명계의 실상은 전적으로 동일한 것이다.

19

無眼耳鼻舌身意

무안이비설신의

無眼耳鼻舌身意 무안이비설신의

눈과 귀와 코와 혀와 몸과 뜻도 없으며

우리는 여섯 가지 감각기관(六根)을 통해서 외부의 사물을 인식한다. 불교에서는 인식의 주체가 되는 여섯 가지 감각기관을 육근(六根)이라 하는데, 눈(眼)·귀(耳)·코(鼻)·혀(舌)·몸(身)·뜻(意)을 말한다. 그러나 오온이 공하므로 우리의 감각기관 또한 공한 것이다. 공의 이치에서 볼 때는 눈과 귀와 코와 혀와 몸과 뜻도 없는 것이다.

無眼耳鼻舌身意

무無는 없다는 뜻과 함께 무한하다는 뜻으로 공을 말하고 있다. 《반야심경》은 심오한 사상적 철학이며 신심信心을 기본으로 하는 절대신앙의 극치로 부처님과 합일의 경지로 무한대의 의식계에서 얻어지는 반야지般若智를 주안主眼으로 하고 있으므로 의식이 아니고는 이해할 수 없다.

안이비설신의眼耳鼻舌身意를 무시하는 것이 아니고 이러한 감각기관은 반드시 한계가 있다. 설령 그 능력을 훈련으로 현재보다 2배나 3배로 증대 또는 확대시킨다 할지라도 역시 유한하며 그 이상은 넘어설 수 없다. 그를 초월한 무한계無限界에 들어가야 이룰 수 있다. 세상에서 말하는 천안天眼이다 천이통天耳通이다 하는 것은 보통 인간을 초월하는 능력을 말한다.

말은 쉬우나 실은 어렵다. 심오하고 신비한 무한대의 의식계意識界에서 얻어지는 체험 없이는 불가능하다.

그래서 《반야심경》은 깊은 행行을 하라고 전제하고 있다. 따라서 감각기관의 한계를 초월한 경지를 무無다 공空이다라고 한다.

無色聲香味觸法

무색성향미촉법

無色聲香味觸法 무색성향미촉법

빛과 소리와 냄새와 맛과 감촉과 법도 없으며,

우리가 인식 작용을 할 때는 인식의 주체가 되는 감각기관(눈·귀·코· 혀·몸·뜻)이 있어야 하고, 또 인식의 대상이 있어야 한다. 불교에서는 여섯 개의 인식의 대상(환경, 경계)을 육경六境이라 하는데 그것은 색깔 (色)·소리(聲)·냄새(香)·맛(味)·촉감(觸)·법(法)이다. 눈으로 볼 수 대상인 색깔(물질)·귀로 들을 수 있는 대상인 소리·코로 냄새를 맡을 수 있는 대상인 향기·혀로 맛을 느낄 수 있는 대상인 촉감·뜻(意根)으로 알 수 있는 대상인 법경法境 등을 말한다. 육경六境 역시 오온이 공하므로 빛깔과 소리와 냄새와 맛과 감촉(닿음)과 법도 없는 것이다.

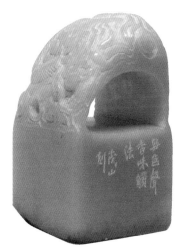

無色聲香味觸法

감각의 한계를 넘어서면 무한계가 전개된다.
유일의 길은 무無와 공空의 실상을 체험해야 얻어지는 것이다.
감각을 통해서 더욱 심오함과 접촉하고 그것이 인因이 되고 연緣이 되어 제법諸法이 형성된다.
행行은 막연히 되는 것이 아니다. 갈 곳을 확실히 정해놓고 도달지를 향해 정진해야 한다.

21

無眼界

무안계

無眼界 무안계

눈의 경계도 없고

우리의 몸과 마음을 구성하고 있는 오온은 자신의 고유한 실체가 없이 여러 가지 요소들이 인연화합으로 잠시 형상과 정신 작용을 이루고 있을 뿐이다. 오온이 공한 것이다. 공의 이치를 터득하여 반야지혜의 눈으로 사물을 관찰하는 것을 공관空觀이라고 한다.

《금강경》에 "형상이 있는 모든 것들은 실체가 없는 공상空相임을 아는 자만이 여래如來를 볼 수 있다"고 하였다. 감각기관인 눈·귀·코·혀·몸·뜻도 실체가 없는 공이고, 인식의 대상인 색깔·소리·냄새·맛·촉감·법도 실체가 없는 공이다. 따라서 눈으로 인식되는 세계나 경계가 공한 모습이다. 이렇게 볼 때 중도공관中道空觀이 되고, 사물의 실상을 진실되게 볼 수 있다. 반야바라밀이 된다.

無眼界

 이와 같이 모든 세계가 공함을 아는 지혜인 반야바라밀에 의해서 뒤바뀐 헛된 생각(잘못된 인식)을 떠나 완전한 깨달음을 얻고 고통에서 벗어날 수 있는 것이다.

22

乃至無意識界

내지무의식계

乃至無意識界 내지무의식계

이에 또한 의식의 경계까지도 없으며

내지乃至

내지乃至란 '얼마에서 얼마까지' 뜻을 나타내는 것이다.

乃至無意識界

 우리의 인식 작용은 인식의 주체인 감각기관(六根 : 눈·귀·코·혀·몸·뜻)과 인식의 대상(六境 : 색깔·소리·냄새·맛·촉감·법)이 서로 만나야 눈의 시각작용이 일어나고, 귀의 청각작용이 일어나고, 코의 후각작용이 일어나고, 혀의 미각작용이 일어나고, 몸의 촉각작용이 일어나고, 의식의 식별작용이 일어난다. 이것을 십팔계설十八界設이라고 한다. 육근이 육경을 만나 육식작용을 일으키는 이 십팔경계十八境界는 불교의 세계관으로써 인간이 인식할 수 있는 만유(萬有, 一切法)를 설명할 수 있고, 일체 만유가 십팔계 안에 포함된다.

《반야심경》에서는 오온이 공하고 육근이 공하고, 육경이 공하고, 십이처가 공하고, 십팔계가 공하여 "눈의 세계도 없으며 내지 의식의 세계까지 없다"고 설하고 있다.

23
無無明

무무명

無無明 무무명

무명도 없고

무명 無明 avidya

밝지 않음. 진리를 모르는 아리석음.

무명이 고통의 근원이고, 무명을 타파하는 것을 깨달음이라 한다. 무명 無明 이란 밝은 지혜(明)가 없는 무지 無知 를 뜻한다. 연기법과 공에 대한 이해가 없는 무지 즉, 어리석음을 뜻한다. 무명을 깨치면 깨달음이요, 지혜이다. 이 무명 때문에 윤회의 고통에서 벗어나지 못하는 것이다.

無無明

어두움 즉 무지(無知)가 없는 항상 밝은 세계이므로 어두움도 없고 다함도 없다.
유한의 현상계에서는 명암을 비교할 수 있으나 항상 밝은 세계는 비할 것도 다함도 없는 것이다.
12연기론은 인간의 번뇌의 시작인 무명(어리석음, 무지)에서부터 감각기관(눈 · 귀 · 코 · 혀 · 몸 · 뜻)을 통해 대상(색깔 · 소리 · 냄새 · 맛 · 촉감 · 법)을 감수작용, 인식작용을 하여 행동으로 업을 짓고, 고통을 받은 연쇄적 윤회과정을 일목요연하게 설명한 교리이다.

24

亦無無明盡

역무무명진

亦無無明盡 역무무명진

또한 무명이 다함도 없으며

무명을 타파하면 괴로움도 없어진다.

부처님께서 6년 수도 끝에 깨달으신 진리의 내용을 한 마디로 말하면 연기설이다. 연기란 인연생기(因緣生起)의 약자이다. 우주 만물이 인연따라 생겨나고 소멸한다는 뜻이다. 인간의 고통은 인간 스스로가 만든 애욕과 어리석은 무지(무명)에 의해서 비롯된 것을 부처님께서 깨달았다. 그래서 괴로움에서 벗어나기 위해서는 괴로움을 일으키는 원인과 애욕과 무명을 끊어야 함을 십이연기설에서 밝혔다.

십이연기론은 인간의 번뇌의 시작인 무명에서부터 감각기관을 통해 대상(환경·경계)을 감수작용, 인식작용을 하여 행동으로 업(業)을 짓고, 고통을 받는 연쇄적 윤회 과정을 일목요연하게 도식화한 교리이다. 무명으로부터 비롯되어 괴로움이 일어나는 과정을 12단계로 나누어 설명하면 다음과 같다.

① 맹목적인 생존의지인 무명(無明)에 의해서 몸과 입과 마음으로 행위(行)를 하게 되고,

② 자기 존재를 유지하고 형성하려는 행업에 의해서 인식 작용과 인식의 주체인 의식(意識)이 일어나고,

③ 의식이 있음으로 말미암아 인간의 마음(心)과 몸(身), 즉 명색(名色)이 합성(合成)되고,

④ 몸과 마음이 있으니 눈·귀·코·혀·몸의 다섯 가지 감각기관과 의근(意根)이라는 지각(의식) 능력인 육처(六處)가 생긴다.

⑤ 감각기관과 지각능력을 갖춘 육처에 의해서 사물에 접촉(觸)함이 생기고,

⑥ 외부 환경에 접촉이 있으므로 말미암아 외계(外界)를 받아들이는 감수(受)작용이 생기고,

⑦ 감수(受)에 의해서 좋게 느껴진 것을 얻으려는 애욕심(愛)이 생겨난다.

⑧ 끝없이 갈애(渴愛)는 대상을 소유하려는 취착(取着)작용을 일으키고,

⑨ 소유하려는 취착심(取)은 결국 여러 가지 업(業) 즉, 유(有)를 발생시키고,

⑩ 이 업(有, 존재)은 습관력까지 축적되어 미래의 결과를 가져오는 작용을 하여 새로운 몸을 받아 태어나고(生),

⑪ 생명(生)이 있으므로써,

⑫ 늙음, 슬픔, 고통 등 온갖 괴로움(老死)이 생겨난다는 것이다. 이렇게 하여 모든 괴로움이 생긴다.

따라서 괴로움을 없애려면 인간의 맹목적인 생존 의지이며 진리에 대한 무지인 무명을 타파하면 된다.

乃至無老死

내지무노사

늙고 죽음도 없고

26 亦無老死盡

역무노사진

亦無老死盡 역무노사진

또한 늙고 죽음이 다함까지도 없고

세존께서도 생로병사는 큰 고뇌라 하셨다.

죽기를 좋아할 사람은 없다. 한정된 생명이 다하면 어쩔 수 없이 죽어서 본래의 대생명의 공空으로 돌아간다.

《반야심경》에는 늙음도 죽음도 없고 늙고 죽음이 다함도 없다는 것을 분명히 말씀하셨으니 이보다 더한 보물은 없다.

물론 현신現身의 육체는 한계가 있음은 이론異論의 여지가 없다. 그러면 무슨 근거로 그와 같이 법을 설파하셨을까?

육체는 유한하다. 현상계는 죽음에 의해 완전 정지된다. 만약 그로부터 전진하기를 희망한다면 무슨 방책이 없고서는 안 된다.

《반야심경》은 행심行深에서 얻어지는 체험에 호소하고 있다. 인간은 수천 수 만년 이래로 육체를 감싸고 있는 유한성의 오온五蘊과 대결해 온 의식생활 영역에서 현상의 의식계에서 존재를 주장하고 있다.

실은 무한대의 생활세계가 엄연히 존재하고 있는 실상세계를 모르거나 무시하고 있다.

그 영원 불쇠不衰의 대생명계에는 무명無明이 없고 무명無明이 다함이 없는 고로 늙고 죽음도 없다. 그 대생명 속에 자신의 생명이 존재하는 것이다.

현상계에는 육체가 필요하나, 초현상계에는 물질을 창조할 요소는 충만하나 현상의 물질은 필요없고 공空의 일상一相만 존재할 뿐이다.

亦無老死盡

27

無苦集滅道

무고집멸도

無苦集滅道 무고집멸도

고통도 없고, 그 원인도 없고, 그 소멸도 없고,
그 소멸의 수행 방법까지도 없다.

대생명계에는 고뇌의 소인素因이 전혀 없다. 반대로 현상계는 고뇌
의 소인素因이 충만하다. 그것은 인因과 연緣에 의해 모여진다. 그러므로
육체는 당연히 현상계에 두어야 하고 정신영성은 본래의 대생명계(空)로
승화되어야 한다.

無苦集滅道

공의 이치를 깨달은 지혜의 눈으로 관찰해 보면 삶의 근본이라고 하는 몸과 마음은 텅 비어 아무 것도 없는데, 그 몸과 마음을 의지하여 일어나는 온갖 고통은 원초적으로 있을 수 없다. 따라서 고통의 원인도 없고, 고통이 소멸된 경지도 없고, 고통을 소멸하는 방법도 있을 수 없다.
사성제는 부처님께서 진리를 깨달으시고 최초로 설한 교리로써, 인간의 괴로움으로부터 벗어날 수 있는 네 가지 성스러운 지혜를 설한 것이다.

◆ 괴로움을 없애는 네 가지 성스러운 진리 : 사성제
사성제四聖諦는 부처님께서 진리를 깨달으시고 녹야원에서 다섯 명의 제자들에게 최초로 설한 교리로써, 괴로움으로부터 벗어날 수 있는 네 가지 성스러운 진리를 말한다. 사성제는 불교의 교리 가운데 가장 근본이 되는 교리이다.
사성제는 의사가 먼저 병자의 병을 진단하듯이 부처님은 인생의 현상태인 괴로움을 설하고(고성제), 병의 원인을 찾아내듯이 괴로움의 원인을 규명했다(집성제). 그리고 병을 치료한 후의 건강한 상태를 말하듯이 괴로움이 소멸된 상태 즉, 열반의 세계를 설명하고(멸성제), 마지막으로 병의 치료를 말하는 것처럼 괴로움에서 벗어나는 길을 제시했다(도성제).

28

無智亦無得

무지역무득

無智亦無得 무지역무득

지혜도 없고 또한 얻음도 없느니라

인간의 현신現身 중에서 길러진 지혜만으로는 대생명계에 승화시킬 수 없다. 인간의 지혜를 초월한 반야지혜般若智慧가 아니고서는 안 된다. 그러므로 지혜랄 것도 없고 또한 얻은 것도 없다는 것이다.

오온으로 구성된 우리의 몸과 정신 작용으로 이루어진 육근, 육경, 육식 즉 12처·18계가 공하다고 《반야심경》은 설하고 있다. 뿐만 아니라 12연기설, 사성제설의 교법이 모두 공하다. 지혜(진리) 역시 어떤 고정된 실체가 있는 것으로 안다면 큰 잘못이다. 그리고 지혜를 통해서 무엇인가를 얻을 것이 있다고 여기는 것도 큰 잘못이다. 인식의 주체가 되는 지혜도 없고, 인식되는 실체가 얻어짐도 없다고 선언하고 있다.

無智亦無得

 "지혜(智)도 없고 얻음도 없음"

이 구절로 《반야심경》에서 공의 참 모습을 밝히는 작업은 끝나게 된다. 지(智)란 주체적인 인식을 가리키는데, 신라의 원측 스님은 《마하반야바라밀다심경찬》에서 보리(菩提)라고 해석하였고, 얻음(得)은 열반이라 하였다.

깨달음의 경계 즉, 공의 세계를 터득한 사람에게는 반야 지혜도 모두 공할 뿐이고, 열반도 없을 것이 없는 것이다.

29 以無所得故

이무소득고

以無所得故 이무소득고

아무것도 얻을 것이 없는 까닭에

고로 대생명계는 아무것도 소유의 필요가 없다. 소유란 현상계에서만 통용될 뿐이다. 고로 유한하다. 욕심과 구함(바램)이 없으면 무한한 공의 실상이 된다.

以無所得故

철저히 텅 비어 아무 것도 얻을 것이 없는 이 도리가 반야 공의 지혜이다. 그러므로 보살은 반야바라밀에 의지한 삶을 살기에 마음에 아무런 걸림이 없다. 얻음이 없는 얻음 (無得之得)이 참된 '얻음'이다.

30 菩提薩埵

보리살타

菩提薩埵 보리살타

보살은

菩提薩埵 산스크리트어 보디사트바Bodhisattva를 중국에서 소리나는대로 옮긴 보리살타菩提薩埵를 줄여서 보살이라 한다. 보살이란 '깨달음을 추구하는 중생(사람)' 이란 뜻이다.
대승불교에서는 보살이란 이상적인 인간상을 내세워서 자신의 깨달음보다는 중생을 구제하는 것을 우선으로 삼고 수행하였다.
보살에는 수많은 보살이 있는데 자비를 상징하는 관자재보살(관세음보살)과 지혜를 상징하는 문수보살이 있다.

菩提薩陀

보리살타菩提薩埵란 대보살大菩薩 대각자大覺者의 경지를 말한다.
불교에서는 보살도菩薩道를 중요시한다. 그 길이 있기에 그 대도大道를 행하는 것이다. 일체의 망상과 망집妄執을 단절하고 이욕이타행利欲利他行으로 그 뜻을 깨끗하게 하면 마땅히 살 곳은 색계色界(물질계)가 아닌 무색공계無色空界, 즉 색色을 창조하는 대생명계인 본소本素의 고향에 태어나 머물 것이다.
보살菩薩의 경지에 도달한 사람은 몸은 비록 현상계에 있더라도 무한한 힘과 일을 몸에 지니고 있음으로 육체는 별 문제가 되지 않는다. 유한한 육체에 의지하지 않고 무한한 대생명 속에 살고 있는 까닭이다.

依般若波羅蜜多故

의반야바라밀다고

依般若波羅蜜多故 의반야바라밀다고

무한한 대지혜에 의하여 저 언덕으로 건너갔노라.
(즉 大覺을 이루었다.) 그러므로

依 의지할 의依
般 돌 반. 돌다. 반야 반般
若 같을 약. 마른 풀 야 《반야심경》에서는 '반야'로 읽는다.
波 물결 파波 《반야심경》에서는 '파'를 '바'로 읽는다.
羅 벌릴 라羅
蜜 꿀 밀蜜
多 많을 다多
故 연유 고. 이유 고依

반야바라밀般若波羅蜜
공의 이치를 깨달아서 얻은 지혜를 뜻한다. 모든 부처님이 반야바라밀다
에 의해서 깨달음을 성취하였기 때문에 반야바라밀다를 "모든 부처님의
어머니(七佛之母)이다"라고 한다.

依般若波羅蜜多故

반야바라밀은 선정바라밀을 통해서 얻어진 깨달음의 지혜를 뜻한다. 반야지혜는 공의 이치를 깨달았을 때 나타나는 분별을 차별을 떠난 무분별 지혜(無分別智-분별을 초월한 지혜)이다. 반야는 지혜요, 정견(正見)이다. 육바라밀의 모든 덕목이 공이 세계를 바탕으로 바라밀이 행해져야 진정한 바라밀이 완성된다. 즉 육바라밀은 반야바라밀에 의해서 완성된다.

32 心無罣得

심무가애

心無罣碍 심무가애

마음에 아무것도 걸림이 없다.

 마음 심心

없을 무無

거리낄 가罣
《반야심경》에서는 '괘'를 '가'로 읽는다.

거리낄 애碍

心無罣碍

반야바라밀다에 의지한 삶을 살기에 마음에 아무런 걸릴 것이 없다. 마음에 아무런 걸
릴 것이 없으므로 일체 두려움 또한 있을 수 없다. 장애(걸림)란 중생들이 일으키는 갖
가지 번뇌망상을 가리키는 말이다. 그것의 근본 번뇌가 무명(無明·무지)인데, 그 때문
에 심성(心性)을 더럽히고 정도(正道)를 수행하는데 장애를 일으키게 된다.

33 無罣得故

무가애고

無罣碍故 무가애고

마음에 거리낌이 없으므로

 없을 무無

거리낄 가罣
가로막다. 걸림. 거리낄 괘, 가. 《반야심경》에서는 '괘'를 '가'로 읽는다.

거리낄 애碍

 까닭 고故

無罣碍故

보살은 철저히 텅비어 아무것도 얻을 것이 없는 공의 이치를 깨달아서 반야바라밀다의 지혜를 의지하므로 마음에 아무런 걸림(장애)이 없다.
마음에 걸림이 없으므로 두려움이나 공포도 없다. 마치 허공을 나는 새가 아무런 걸림이 없이 자유롭게 비행하는 것과 같은 것이다.

34 無有恐怖

무유공포

無有恐怖 무유공포

두려움이 없어서

無 없을 무無

冒 있을 유有

恐 두려울 공恐

怖 두려워할 포怖. 떨다, 두려움.

공포恐怖. 두렵고 무서움.
마음에 걸리지 않고 사로잡히지 않으므로 어떤 것도 두려워 할 이유가 없다.

無有恐怖

◆두려움은 소유하려는 집착에서 생김

두려움(공포)이 없는 사람이 가장 강한 사람이다. 두려움은 어디서 생기는가? 그것은 자신이 소유하고 있는 것을 잃어버릴 것 같은 위험에 처했을 때 생긴다. 소유에 대한 집착이 강하면 강할수록 그것을 지키려는 마음에서 두려움도 크게 되고, 고통도 크게 생긴다. 텅비어 본래 실체가 없는 공의 이치를 깨달은 사람에게는 그것을 지키고 소유하려는 마음이 적다. 따라서 걸림이 없고 두려움도 없는 대자유인이 된다.

35
遠離顚倒夢想

원리전도몽상

遠離顚倒夢想 원리전도몽상

뒤바뀐 헛된 생각을 아주 멀리 떠나

遠 멀 원遠

離 떠날 리離

顚 넘어질 전顚. 거꾸로 하다.

倒 넘어질 도倒. 거꾸로
전도顚倒. 거꾸로 됨, 옳고 그름이 뒤바뀜.

夢 꿈 몽夢

想 생각할 상想

실체가 없는 사물의 모습을 보고 실체가 있는 것으로 그릇되게 오해한 꿈같은 생각을 멀리 떠나라는 뜻. 전도된 몽상을 멀리 떠난다는 뜻.

전도몽상顚倒夢想 옳게 볼 수가 없는 미혹迷惑을 말함.

遠離顛倒夢想

 현상계의 물질로부터 멀리 떠나 높은 대생명계에서 적은 인간세계를 바라볼 때 얼마
나 부질없는 일들이 충만한가! 마치 꿈속을 헤매는 것과 다를 바 없다. 꿈은 실태
가 없다. 꿈을 보고 기뻐하고 슬퍼하고 미워하고 싫어하는 것은 계속 꿈 속에 있는 것
과 무엇이 다르랴!

진실 아닌 것을 진실인양 잘못보는 것에 불과하다. 흡사 사물을 거꾸로 보는 것과 다를 바가 없
다. 정확히 진실의 모습을 보고 있으면 아무 두려움이 없다.

36 究竟涅槃

구경열반

究竟涅槃 구경열반

마침내 열반에 들어가며

끝 구究. 궁구하다. 끝냄.

마칠 경竟. 끝남.
구경究竟 : 필경. 사리事理의 마지막

개흙 녈涅. 갯바닥, 진펄 등에 있는 검은 흙.
쟁반 반槃. 소반

열반涅槃. 산스크리트어 니르바나nirvana의 음역. 번뇌가 모두 없어진
평화의 경지. 안락적멸安樂寂滅

究竟涅槃

마침내 열반 즉 절대안온究竟涅槃한 영원불변의 대생명계에 살고 있는 보살菩薩의 심경究竟이다.

37 三世諸佛

삼세제불

三世諸佛 삼세제불

먼 과거로부터 모든 불보살佛菩薩님들이

 석 삼三

世 세상 세世
삼세三世. 과거 · 현재 · 미래

諸 모두 제諸

佛 부처 불佛

三世諸佛

대승불교에서는 석가모니 부처님(一佛) 뿐만 아니라 수많은 부처님이 과거, 현재, 미래
삼세三世에 걸쳐서 출현한다. 이것을 다불多佛사상이라고 한다. 모든 부처님이 반야바라
밀다에 의지하여 깨달음을 성취하였다.

38

依般若波羅蜜多故

의반야바라밀다고

依般若波羅蜜多故 의반야바라밀다고

반야바라밀다를 의지하므로

依 의지할 의依

般 돌 반般. 돌다. 반야 반.

若 같을 약若. 마른 풀 야. 《반야심경》에서는 '반야' 로 읽는다.

波 물결 파波. 《반야심경》에서는 '파' 를 '바' 로 읽는다.

羅 벌릴 라羅

蜜 꿀 밀蜜

多 많을 다多

故 연유 고故. 이유

依般若波羅蜜多故

과거, 현재, 미래의 모든 부처님에게도 인간 해탈의 실천에서 다른 어떤 길이 있지 않고 오직 반야의 한 길이 있을 뿐이다. 그래서 '반야바라밀다를 의지하므로'라고 말한 것이다.

39

得阿耨多羅三藐三菩提

득아뇩다라삼먁삼보리

得阿耨多羅三藐三菩提 득아뇩다라삼먁삼보리

일체 진리를 체득한 위없는 올바르고 평등한 깨달음을 이루었노라.

得 얻을 득得

阿 언덕 아阿. 구릉

耨 김맬 누耨. 김매다. 《반야심경》에서는 '누'를 '뇩'으로 읽는다.

多 많을 다多

羅 벌릴 라羅

三 석 삼三

藐 멀 막藐. 멀다. 《반야심경》에서는 전통적으로 '막'을 '먁'으로 읽는다.

三 석 삼三

菩 모사풀(풀이름) 배菩. 보살 보. 《반야심경》에서는 '보'로 읽는다.

提 이끌 제提. 이끌다. 집어서 당기다. 《반야심경》에서는 '보제'라고 읽지 않고 '보리'라고 읽는다.

보리菩提. 진리를 깨달아 정각을 얻음. '보제'라고 읽지 않고 '보리'라 읽는다.

得阿耨多羅三藐三菩提

아뇩다라삼먁삼보리는 깨달음의 절정을 나타낸 말로서 더 없이 높고 충만한 깨달음을
뜻한다. 결국 지혜의 완성에 의지했기 때문에 모든 부처님도 깨달음을 이루신 것이다.

40

故知般若波羅蜜多

고지반야바라밀다

故知般若波羅蜜多 고지반야바라밀다

그러므로 알아라.
저 언덕으로 건너가는 유일한 반야지혜般若智慧를
깊이 행하면 얻어지는 것이라는 것을.

고지故知
그러므로 알아라.

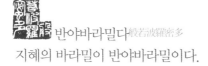
반야바라밀다般若波羅蜜多
지혜의 바라밀이 반야바라밀이다.

故知般若波羅蜜多

 이제까지 《반야심경》은 오온으로 범주화 된 인간 현실의 있되 있음이 아닌 참모습을
열어 보이고, 존재의 참모습에 부합된 반야바라밀의 창조적 실천에 의해 보살의 해탈
의 삶과 모든 부처님의 완전한 깨달음이 구현됨을 설명하였다.

이제 결론적으로 반야바라밀의 비할 바 없는 공덕을 찬탄함으로써 가르침을 맺는다.

41 是大神呪

시대신주

是大神呪 시대신주

신비하고 불가사의한 대신통력을 가진 주문이며,

是 이 시是. 이것.

大 클 대大. 크다.

神 신 신神. 하늘의 신. 불가사의한 것.

呪 발 주呪. 다라니 주. 빌다. 저주하다.

是大神呪

주문은 주술적인 작용을 낳게 하기 위하여 입으로 외는 글귀인데 대개 일정한 문구를 반복해서 외는 경우가 많다. 불교에서 주문은 범어로는 만트라Mantra 또는 다라니Dharani 라고 하는데, 범문梵文의 짧은 구절을 진언眞言(부처님의 진실한 말씀), 주呪라고 하고, 긴 구절로 된 것을 다라니陀羅尼 또는 대주大呪라 한다. 다라니는 생각과 지혜를 모두 모아 간직하는 것이며 무량한 불법을 잊지 않는 것으로, 한 문자에 일체의 지혜를 지니는 것이며 일체의 뜻을 담는 것이다.

대신주는 대신력大神力으로 악마의 원한을 항복받는 주문이다.

신주神呪란 총지總持의 뜻이다. 지혜는 일체를 갖춘 것이기에 총지라고 한다. 이러한 지혜로 얻는 열매는 적지 않는 까닭에 대신주라고 한 것이다.

是大明呪

시대명주

是大明呪 <small>시대명주</small>

가장 밝은 주문이며

밝을 명^明.

진언^{眞言}. 부처님의 진실한 말이라고 해서 불린 말이다. 진언은 '모든 힘을 가진 불가사의한 것' 으로 수행 방법으로 권장되었다.

星
大明呪

仿吳昌碩印而以真率刻之

佛紀二千五百五十一年新曆冬

是大明呪

대명주大明呪는 큰 광명으로 중생의 어리석음을 깨뜨리는 주문이다. 대명大明으로 사안四
眼(육안·혜안·법안·불안)의 경계를 두루 비추어 살피는 까닭에 대명주이다.

是無上呪

시무상주

是無上呪 시무상주

가장 높은 최고의 주문이며

무상주無上呪란 위가 없는 최고의 주문이란 뜻으로 가장 높은 주문이라는 뜻이다.

是無上呪

 무상주無上呪는 부처님의 지혜를 두루 갖추어 깨달음의 눈으로 온 세상을 두루 비추어
보는 더할 것이 없는 최상의 주문이다.

44 是無等等呪

시무등등주

是無等等呪 시무등등주

아무 것도 견주어 비교할 수 없는 비할 데 없는 거룩한 주문이니

등급 등. 계급. 같다. 동일하다.

是無等等呪

무등등주無等等呪는 비교할 바가 없이 모든 것에 통달한 주문이며, 모든 부처님이 깨달 으신 지혜는 차이가 없이 평등하다는 주문이다.

能除一切苦

능제일체고

能除一切苦 능제일체고

능히 모든 괴로움과 재앙을 제거해주는

能 능할 능能. 가능하다.

除 제거할 제除. 없애다.

一 하나 일 .
切 모두 체切. 끊을 절. 《반야심경》에서는 '체'로 읽는다.

苦 고통 고苦. 괴로움

能除一切苦

 불교의 목표는 고통으로부터 벗어나는 해탈(열반 · 행복 · 해방)이다. 인간의 고통은 탐욕과 집착에서 생긴다. 모든 것이 실체가 없어서 나타났다가 무상하게 사라지는 공의 이치를 깨달으면 집착에서 벗어날 수 있다. 집착을 버리는 지혜가 반야지혜이다. 반야바라밀에 의해 모든 고통을 없앤다.

眞實不虛

진실불허

眞實不虛 진실불허

거짓 없는 진실한 말씀이다.

 참 진眞

열매 실實

아니 불不

허망할 허虛

이 부분은 반야의 뛰어난 공능功能을 모두어 결론 짓는 부분이다. 논리적으로 드러내 보일 수 있는 반야지혜를 모두 밝혔다. "능히 온갖 괴로움을 없애주고 진실하여 헛되지 않다." 반야지혜는 공空의 이치를 알지 못해서 생겨난 인간의 전도망상, 허위 의식, 소외 등 괴로움을 없애주므로 진실하고 헛되지 않다는 뜻이다.

眞實不虛

반야바라밀다는 능히 온갖 괴로움을 없애주는 반야지혜이므로 진실하여 헛되지 않다.
'진실불허眞實不虛'는 부처님의 말씀이 진실될 뿐 결코 허망하지 않음을 가리킨다.

故說般若波羅蜜多呪

고설반야바라밀다주

故說般若波羅蜜多呪 고설반야바라밀다주

그러므로 무한대의 지혜로 괴로움이 없는 저 언덕을
건너가는 주문을 말하노니

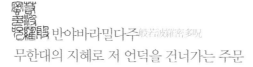 고설故說
그러므로 말하노라

반야바라밀다주般若波羅密多呪
무한대의 지혜로 저 언덕을 건너가는 주문

故說般若波羅蜜多呪

 반야바라밀다주는 모든 주문 가운데 가장 큰 주문이다. 반야바라밀다주는 능히 선정과 불도, 열반에 대한 집착마저도 멸할 수 있으니 하물며 탐욕과 분노 등으로 말미암아 생기는 병폐는 말할 것도 없다. 텅비어 아무 것도 얻을 것이 없는 반야의 도리를 주문으로 말한다.

여기서 설해진 주문은 《반야심경》의 결론이다. 《반야심경》의 전체 내용을 이 한 구절의 주문으로 압축하고 있다.

48
卽說呪曰
즉설주왈

卽說呪曰 즉설주왈

곧 주문을 설해 말하되

 곧 즉(卽)

 말씀 설(說)

 주문 주(呪)

 가로 왈(曰). 가로되, 말하기를.

即說呪曰

49

揭諦揭諦

아제아제

揭諦揭諦 아제아제

가세 가세. 저 언덕에 가세.

'아제 아제 바라아제 바라승아제 모지 사바하'는 반야바라밀다의 비밀 주문秘密眞言文을 밝힌 것이다. 이 주문 하나로 《반야심경》을 모두 요약하여 마지막을 마무리짓고 있다. 이 주문은 고래古來로부터 해석하지 않고 산스크리트어 원음으로 읽혀 왔는데, 그 이유는 이 주문을 해석하면 그 신비스러운 힘이 없어진다고 믿었기 때문이다.

揭諦揭諦

"아제아제_{揭諦揭諦}"를 산스크리트어로 표기하면 다음과 같다.
"gate gate paragate parasamgate bodhi svaha"
우리말로 번역하면 "가는 이여, 가는 이여, 저 언덕으로 가는 이여, 저 언덕으로 온전히 가는 이여, 깨달음이여, 영원하여라"가 된다.
이것을 다시 시적으로 표현하면 "가세 가세, 저 언덕에 가세, 우리 함께 저 언덕에 가세, 깨달음이여, 행복이 있을지어다"라고 해석할 수 있다.

50

波羅揭諦

바라아제

波羅揭諦 바라아제

저 언덕에 건너 가세

들 게. 들다.
살필 체. '살필 체' 의 발음을 불교에서는 '진리 제' 로 읽는다.
아제. 《반야심경》에서는 '계체' 를 '아제' 라고 읽는다.

'바라' 는 '바리밀' 의 줄임말로써 '피안' 즉 '저 언덕' 의
뜻이다.

波羅揭諦

 다라니(주문)는 모든 공덕을 다 지니고 있다는 뜻으로 총지█라고 하고, 악한 법을 막
아내고 착한 법을 지켜준다는 뜻이다. 다라니의 독송을 독립된 한 종파의 수행체계로
제시한 불교 종파가 밀교█인데, 우리나라에는 진각종과 총지종이 있다.

51 波羅僧揭諦

바라승아제

波羅僧揭諦 바라승아제

피안으로 온전히 가는 이여.

 승려 승(僧)

 아제(揭諦)

'아제(揭諦)(가테)' 는 '가다' 의 뜻인데, '가세 가세' 라고 번역할 수 있다.

波羅僧揭諦

바라아제波羅揭諦(파라가테)는 ‘피안으로 가다’ 의 뜻이다. 《반야심경》 전반부의 ‘도일체고
액度一切苦厄’과 후반부 ‘능제일체고能除一切苦’ 한 상태라고 할 수 있다.
바라승아제波羅僧揭諦(파라상가테)는 피안으로 온전히 가는 이여"라고 번역할 수 있다.

菩提 娑婆訶

모지 사바하

菩提 娑婆訶 모지 사바하

깨달음이여, 영원하여라.

모지 菩提

산스크리트어 보디 bodhi는 음역하면 보리(菩提)이다. '보제'라고 읽지 않고 '보리'로 읽는다. 《반야심경》에서는 '보리' 또는 '보제'의 음이 여성의 음부의 음과 유사하여 상스러운 이미지를 준다하여 전통적으로 '모지'라고 발음해 왔다. 보리는 불교 최고의 이상인 부처님께서 정각을 이룬 지혜를 뜻한다. 또는 부처님이 이룬 정각의 지혜를 얻기 위해여 닦는 도를 뜻하기도 한다.

사바하 娑婆訶

스바하 svaha는 사파가 娑婆訶로 음역된 것인데 우리나라에서는 '사바하'로 읽어 왔다.

소원 성취를 빌어서 주문의 마지막에 놓은 불가사의하고 비밀스런 행운의 말이다. '영원하여라', '행복할지어다'라고 할 수 있는 축원의 말이다.

菩提娑婆訶